AF555621

LA CARAVANE DU CAIRE,

OPERA EN TROIS ACTES,

REPRÉSENTÉ

A Fontainebleau devant LEURS MAJESTÉS,

Le 30 Octobre 1783,

ET POUR LA PREMIERE FOIS,

SUR LE THÉATRE

DE L'ACADÉMIE-ROYALE

DE MUSIQUE,

Le Mardi 13 Janvier 1784.

PRIX XXX SOLS.

A PARIS,

De l'Imprimerie de P. DE LORMEL, Imprimeur de ladite Académie, rue du Foin Saint-Jacques, à l'Image de Sainte Genevieve.

On trouvera des Exemplaires à la Salle de l'Opéra.

M. DCC. LXXXIV.

AVEC APPROBATION, ET PRIVILEGE DU ROI.

Les Paroles sont de M***.

La Musique est de M. GRETRY.

AVERTISSEMENT.

L'AUTEUR de ce Poëme a pensé qu'une action susceptible à la fois d'intérêt & de gaieté, relevée par un costume & des mœurs pittoresques, pourroit offrir, sur le Théatre Lyrique, une variété agréable d'effets de Musique, de Tableaux & de Fêtes, à laquelle le genre sévere de la Tragédie ne pouvoit pas se prêter. Les beautés neuves & piquantes qu'on a applaudies dans Colinette à la Cour & dans l'Embarras des Richesses, l'ont encouragé à travailler d'après cette idée.

Il a pensé que les personnes impartiales, qui connoissent les sacrifices que la Musique commande impérieusement au Poëte, & pour la coupe des Airs, & pour la rapidité de la Scène, & pour la marche de l'action, auroient quelque indulgence pour les détails de cet Ouvrage, qu'un goût sévere peut attaquer sans doute avec avantage.

Il a pensé qu'on ne lui reprocheroit pas sérieusement d'avoir mis sur la Scène les mœurs de l'Asie, (Voyez le Marchand de Smirne,) & l'intérieur d'un Serrail, (Voyez l'Acte Turc, dans l'Europe galante,) puisque les mêmes objets ont déja été exposés avec succès sur le Théatre Français, & sur celui de l'Opéra, avec des traits plus hardis qu'il ne s'en est permis.

Il a pensé enfin que c'étoit travailler sûrement pour les progrès de l'Art & le plaisir des gens de goût, que de fournir à M. Gretry une nouvelle occasion de développer ce génie brillant, aimable & fécond, qui a enrichi notre Scène de tant de chef-d'œuvres que l'Italie elle-même a vus avec étonnement, & a applaudis avec transport. L'Auteur aura rempli son objet principal, s'il a pu ajouter une fleur à la couronne immortelle dont Polymnie a ceint depuis long-temps le front de ce célebre Compositeur.

ACTEURS ET ACTRICES
CHANTANTS DANS LES CHŒURS.

CÔTÉ DE LA REINE.		CÔTÉ DU ROI.	
Meſdemoiſelles.	*Meſſieurs.*	*Meſdemoiſelles.*	*Meſſieurs.*
Des Roſières.	Candeille.	Dubuiſſon.	Péré.
D'Hautrive.	Larlat.	Garrus.	Legrand.
Joſéphine.	Capoi.	Rouxelin.	Martin.
Fel.	Rey.	Sanctus.	Pouſſez.
Launer.	Vallon.	Charmoy.	Touvoys.
Macker.	Cleret.	Leclerc.	Cauchois.
Aurore.	Renaud.	Deslions.	Jalliot.
David.	Tacuſſet.	Voiſin.	Cavallier.
Breffort.	Baillon.	Deſportes.	Jouve.
Beaumont.	De Lori.	Lacourneuve	Moulin.
	Fagnan.		Jalaguier.
	Bouvard.		Duchamp.
	Joinville.		Delboy.
	Le Roux, l.		Débeirk.
	Le Roux, c.		

ACTEURS.

OSMAN, *Pacha d'Égypte*,		M. Cheron.
ALMAÏDE, *Favorite du Pacha.*		Mlle Joinville.
TAMORIN, *Chef du Serrail*,		M. Rousseau.
HUSCA, *Chef de la Caravane, & Marchand d'Esclaves*,		M. Laïs.
SAINT-PHAR,	*Esclaves*,	M. Lainé.
ZÉLIME,	*Esclaves*,	Mlle Maillard.
UNE FRANÇOISE,	*Esclaves*,	Mlle Audinot.
UNE ITALIENNE,	*Esclaves*,	Mlle Buret.
DEUX HONGROISES,		Mlles Gavaudan, l. Gavaudan, c.
FLORESTAN, *Capitaine de Vaisseau*,		M. l'Arrivée.
FURVILLE, *Officier François*,		M. Chardiny.
OSMIN, *Garde du Serrail*,		M. Moreau.
SULTANES *du Serrail*,		Mlles Girardin, Josephine. Thaunat, Rosalie.
PEUPLES *de différentes Nations.*		

La Scène se passe près du Caire, & au Caire.

PERSONNAGES DANSANTS.

ACTE PREMIER.

FRANÇOISE & FRANÇOIS.

Mlle. Dorlay. M. Favre.

GÉNOISE & GÉNOIS.

Mlle. Dorival. M. Nivelon.

HONGROISE & HONGROIS.

Mme. Perignon. M. Laurent.

ANGLOISE & ANGLOIS.

Mlle. Coulon. M. Frédéric.

Suite d'HUSCA.

M. Lefevre.

GEORGIENNES.

Mlles. Bernard, Prud'homme.

CIRCASSIENNES.

Mlles. Simon, Dancourt.

INDIENNES.

Mlles. Le Clerc, Seville.

ESCLAVES de différents Peuples.

Mrs. Barré, Guillet, c., Lahaye, Bozon.

PETITS TURCS.

Mlle. Nanine.

Mlles. Simon, c. Dorival. Mrs. La Chapelle, Auguste.

ACTE SECOND.

SERRAIL.

Mlle. ZACHARIE.

Mlle. DELIGNY.

Mme. DE PERIGNON, Mlle CREPEAU.

Mlles. Bigotiny, Puisieux, Camille, la Croix, Barré, Vanloo, Duplessis, Dauvillier.

OFFICIER.

M. COINDÉ.

JANISSAIRES.

Mrs. Duchêne, Hennequin, l., Joly, Rivet, Richard, Masselin.

EUNUQUES NOIRS.

Mrs. Guillet, l., Giguet, Dussel, Largilliere, Boyer.

ACTE TROISIEME.

GARDES DU PACHA.

M. GARDEL.

Mrs. Simonet, Abraham, le Breton, le Bel, Milon, Poinon.

ICOGLANS.

Mlle. NIVÈLON.

Mrs. Henry, Clerget, Caſter, Blanche.

TURCS.

Mrs. Desforges, Siville, Barré, Guillet, c.

SULTANES.

Mlle. DORLAY.

Mlles. Courtois, Bigotiny, Puiſieux, Camille, la Croix, Barré.

ESCLAVES.

Mme. PERIGNON.

Mlles. Henriette, la Coſte, Dupleſſis, Eſther.

TURQUES.

Mlle. DORIVAL.

Mlles. Carré, Maſſon, Eliſberg, Meziere.

LA CARAVANE DU CAIRE.

ACTE PREMIER.

Le Théatre représente une Halte de Caravane, & une Campagne sur les bords du Nil. On voit plusieurs grouppes de Voyageurs, les uns libres, les autres esclaves, qui témoignent alternativement leur joie & leur tristesse.

SCENE PREMIERE.

SAINT-PHAR, ZÉLIME, CHŒUR *de* VOYAGEURS *libres*, *une* ESCLAVE *Françoise*, CHŒUR *d'*ESCLAVES.

CHŒUR *de Voyageurs libres.*

APRÉS un long voyage,
Qu'on goûte de plaisirs

A revoir le rivage,
Objet de ses desirs !

UN CORIPHÉE.

Bientôt les murs du Caire
S'offriront à nos yeux ;
Ce jour qui nous éclaire
Verra combler nos vœux.

CHŒUR de Voyageurs Esclaves.

Sur ce triste rivage
Hélas ! versons des pleurs :
Livrés à l'esclavage,
Déplorons nos malheurs.

UNE ESCLAVE Françoise.

AIR.

Ne suis-je pas aussi captive ?
Je devrois gémir comme vous ;
Mais Françoise, ma gaîté vive
Du sort me fait braver les coups.
Oui, malgré sa rigueur extrême,
Je ris : la joie est dans mes yeux ;
Il faudra bien qu'on m'aime.
Je soumettrois un Sultan même.
Les femmes regnent en tous lieux.

SAINT-PHAR, montrant ses fers.

De ton époux voilà donc le partage !
Que tu dois maudire ce jour,
Tendre Zélime, où sensible à l'amour,
De mes vœux tu reçus l'hommage !
Fut-on jamais plus malheureux !
J'espérois, de retour en France,
Par un pere adoré faire approuver nos nœuds ;
Le sort trahit mon espérance,
Et je n'éprouve plus qu'un désespoir affreux.

ZÉLIME.

Malgré la fortune cruelle
Qui veut me séparer de toi,
Saint-Phar, je te serai fidelle,
Et l'amour & l'honneur m'en imposent la loi.

SAINT-PHAR.

Avant que le sort nous sépare,
J'affronterai mille fois le trépas ;
Non, non je ne souffrirai pas
Qu'au pouvoir d'un barbare
On livre tant d'appas.

ZÉLIME.

Bannis cette image cruelle !
Ah ! j'en frémis d'horreur :

Ton amante fidelle
En mourroit de douleur.

SAINT-PHAR.

Avant d'atteindre ce rivage,
Vents mutinés, flots en courroux,
Que n'avez-vous, dans votre rage,
Englouti deux tendres époux!

ZÉLIME.

Hélas! ton épouse chérie,
Bravant les horreurs du trépas,
Auroit peu regretté la vie,
En la perdant entre tes bras.

DUO.

SAINT-PHAR.	*ZELIME.*
Avec une épouse chérie, Bravant les horreurs du trépas, J'aurois peu regretté la vie, En la perdant entre ses bras.	Hélas! ton épouse chérie, Bravant les horreurs du trépas, Auroit peu regretté la vie, En la perdant entre tes bras.

SCENE II.

LES ACTEURS PRÉCÉDENS.

HUSCA.

HUSCA, dans une Tente, occupé à calculer.

UN, deux..... tout ce calcul me fatigue la tête.
(*à la Caravane.*)
(*Il se lève.*)
A repartir que bientôt on s'apprête.
(*à S. Phar & à Zélime.*)
Cessez tous ces propos d'amour,
Vous serez séparés avant la fin du jour.

SAINT-PHAR.

Me séparer de ce que j'aime !
Zélime est mon épouse, & j'ai reçu sa main.

HUSCA.

Il faut y renoncer.

ZÉLIME.

Quelle rigueur extrême !

SAINT-PHAR.

Toi, fille d'un Nabab ! fille d'un Souverain !
Je te verrois livrée au plus vil esclavage !

Pour finir nos revers
Compte ſur mon courage.

ZÉLIME.

Nous ſommes dans les fers,
Que pourra ton courage ?

HUSCA.

AIR.

Téméraire François,
Dont l'audace me bleſſe,
D'une folle tendreſſe
Réprime les excès.
Ou ſujette, ou Princeſſe,
Zélime a des attraits
Qui feront ma richeſſe.
François, à ta maîtreſſe
Renonce pour jamais.

SAINT-PHAR.

Dieux ! renoncer à ce que j'aime !
L'eſclavage, les tourmens même
Ne me feront jamais changer.

ZÉLIME.

Au ſeul nom de ton pere,

Tous les trésors du Caire
Pourront s'ouvrir.

SAINT-PHAR.

S'il savoit mon danger,
Ah! quelles seroient ses alarmes!
(*à Husca.*)
Aux regards du Pacha n'expose pas ses charmes.

ZÉLIME.

Cesse de t'affliger,
Sans doute ta naissance....

HUSCA, *ironiquement.*

Belle espérance!
Que nous fait sa naissance? Il n'y faut plus songer.

ZÉLIME, SAINT-PHAR.

Hélas! je vous implore,
Montrez-vous généreux;
Que l'espoir puisse encore
Renaître en nos cœurs malheureux.

HUSCA.

C'est en vain qu'on m'implore,
Il faut briser vos nœuds.

SCENE III.

LES ACTEURS PRÉCÉDENS.

Une VOIX derriere le Théatre.

AUx armes, aux armes.

HUSCA.

D'où naiſſent ces alarmes?

CHŒUR de Voyageurs.

Les Arabes fondent ſur nous;
Aux armes, aux armes.

HUSCA.

Repouſſons ces brigands; aux armes: courons tous.

SAINT-PHAR.

J'oublie en ce moment mes malheurs & ma haine.
Huſca, briſe ma chaîne,
Arme mon bras.

HUSCA.

J'admire ſa fierté.
Vas, courageux François, vas te couvrir de gloire,
Le prix de la victoire
Sera ta liberté.

(*On*

(On voit des Arabes descendant des montagnes qui bornent le fond du Théatre, fondre sur la Caravane, pour la piller.)

CHŒUR *d'Arabes.*

Frappons cette troupe timide,
Enlevons ses trésors.
Que l'espoir qui nous guide
Animе nos efforts.

CHŒUR *de Voyageurs.*

Repoussons leurs efforts,
Défendons nos trésors.

(Le combat s'engage, Saint-Phar & la Caravane repoussent les Arabes.)

ZÉLIME.

Ciel, au sein du carnage
Conserve mon amant!
Qu'il sorte triomphant
De ce combat sanglant
Où sa valeur l'engage!

FEMMES esclaves & libres.

Ciel, au sein du carnage
Conserve son amant!

Qu'il ſorte triomphant
De ce combat ſanglant
Où ſa valeur l'engage !

(*Huſca & Saint-Phar rentrent.*)

HUSCA.

La victoire eſt à nous ;
Saint-Phar, par ſon courage,
De la mort, du pillage
Nous a préſervés tous.

SAINT-PHAR.

Ces infâmes brigands ſont tombés ſous nos coups :
Épars dans les campagnes,
On les voit, en fuyant, regagner leurs montagnes.

LE CHŒUR.

La victoire eſt à nous ;
Saint-Phar, par ſon courage,
De la mort, du pillage
Nous a préſervés tous.

HUSCA.

Pour prix de ta vaillance
Sois libre....

SAINT-PHAR.

Non, je reſte en ta puiſſance ;

(*en montrant Zélime.*)

Briſe plutôt ſes fers ;

Ah ! ſans doute à ce prix les miens me ſeront chers.

(*Finale.*)

HUSCA.

Que me demandes-tu ? J'ai rempli ma promeſſe.

SAINT-PHAR.

Délivre, au lieu de moi, l'objet de ma tendreſſe.

ZÉLIME, à Saint-Phar.

Jouis du prix de ta valeur,
Unique objet de ma tendreſſe.

SAINT-PHAR.

Loin de l'objet qui m'intéreſſe,
Pourrois-je goûter le bonheur ?

ZÉLIME.

Jouis du prix de ta valeur.

SAINT-PHAR.

Quel tourment pour mon cœur !

(*à Husca.*)

Délivre, au lieu de moi, l'objet de ma tendresse.

HUSCA.

Que me demandes-tu ? J'ai rempli ma promesse.
Zélime ! elle est d'un trop grand prix.

SAINT-PHAR.

Que Zélime ait la préférence.

HUSCA.

Zélime ! ah quelle différence !
Non, non, je ne le puis.

LE CHŒUR.

De deux époux fidèles
Pourquoi rompre les nœuds ?
De leurs chaînes cruelles
Délivrez-les tous deux.

ZÉLIME.

Sois touché par nos larmes.

SAINT-PHAR.

En voyant tant de charmes,
Ah ! laisse-toi fléchir.

HUSCA.

Hufca depuis long-tems voit couler tant de larmes !
Il faut de l'or pour m'attendrir.

LE *CHŒUR.*

Quelle injuftice !
Quelle avarice !
Rien ne peut le fléchir.

HUSCA.

L'or feul peut m'attendrir.

SAINT-PHAR.

Je n'ai combattu que pour elle,
Son péril feul armoit mon bras.

HUSCA.

J'aurai d'une femme fi belle
Du Pacha deux mille ducats.

LE *CHŒUR.*

C'eft pour une époufe fidelle
Que Saint-Phar bravoit le trépas.

ZÉLIME.

C'eft pour fon époufe fidelle
Que Saint-Phar bravoit le trépas.

HUSCA.

Paix... paix, partons, ne tardons pas.

SAINT-PHAR.

Reprenons l'eſpérance ;
Au Caire on connoît ma naiſſance ;
Oui, je pourrai te délivrer.

ZÉLIME.

O ! flateuſe eſpérance !

HUSCA.

Partons, partons ſans différer.

FIN DU PREMIER ACTE.

ACTE SECOND.

Le Théatre repréſente un Appartement du PACHA *du Caire.*

SCENE PREMIERE.

HUSCA, TAMORIN.

HUSCA.

ME voilà de retour. Tamorin aujourd'hui
Auprès de ſon généreux Maître,
Doit être mon appui.

TAMORIN.

Depuis long-temps on ne t'a vu paroître.

HUSCA.

'ai ſur terre & ſur mer couru plus d'un haſard ;
lais j'arrive à propos pour me rendre au Bazard.

Et ton Maître, je penſe,
Sur les autres Marchands me doit la préférence.

TAMORIN.

Que nous amenes-tu ?

HUSCA.

Vas, tu ſeras content.

TAMORIN.

Si j'en crois ma mémoire,
Le voyage dernier tu m'en diſois autant.

HUSCA.

Ami, tu peux m'en croire,
Dans le cœur du Pacha, par l'ennui tourmenté,
Les beautés que j'amene
Rappelleront l'amour & la gaieté.

TAMORIN.

On aura de la peine.
Mon Maître cependant aime la nouveauté.

HUSCA.

J'ai des beautés piquantes,
De vives, d'agaçantes ?
J'en ai de languiſſantes,
D'autres dont les yeux doux
Reſpirent la tendreſſe.
De plaire à ſa hauteſſe
Je fus toujours jaloux.

Quand

Quand il verra mon Africaine,
Et la Françoiſe que j'amene,
Ah! qu'il ſera content de nous!

TAMORIN.

Quoi? des Beautés piquantes?
De vives, d'agaçantes?
Ah! qu'il ſera content de nous!
En ta faveur je préviendrai mon maître.

HUSCA.

Je ſaurai reconnoître....

TAMORIN.

Ami, compte ſur moi;
Mais le Pacha paroît; Huſca, retire-toi.

SCENE II.

LE PACHA, TAMORIN.

LE PACHA.

QU'on prépare une fête
Au généreux François qui, par d'heureux efforts,
Sauva de la tempête
Le vaiſſeau qui portoit mes plus rares tréſors.

TAMORIN.

Cette fête pourra peut-être vous diſtraire.
Que Floreſtan ſera ſurpris
De retrouver au Caire
Les talens & les arts qu'on admire à Paris !

LE PACHA.

Je veux qu'il ſoit frappé de ma magnificence.

AIR.

Oui, j'ai toujours aimé la France.
Le François eſt joyeux ;
Toujours galant, ſa noble aiſance
Le fait deſirer en tous lieux.
Il ſemble né pour plaire ;

Senſible & généreux,
Des peuples de la terre
Il eſt le plus heureux.
Si-tôt que la trompette ſonne,
Brûlant de voler aux combats,
Le ſang dans ſes veines bouillonne;
En vain l'amour veut arrêter ſes pas.

TAMORIN.

Seigneur, Almaïde s'avance,
Sans doute ſa préſence....

LE *PACHA.*

Ne charme plus mes yeux.

SCENE III.

LE PACHA, ALMAÏDE, & *FEMMES du Serrail.*

ALMAÏDE.

JE viens à mon amant exprimer ma tendreſſe,
Les Femmes du ſerrail vont ſeconder mes vœux.
Puiſſe-t-il, en voyant nos fêtes & nos jeux,
Du plaiſir éprouver l'ivreſſe !

Il jugera ſi nos efforts
Pourront plaire aux François arrivés ſur ces bords.

(Ballet des Femmes du Serrail qui s'empreſſent à préſenter le ſorbet, les parfums & des fleurs au PACHA.)

CHŒUR des Femmes.

Du Maître aimable qu'on révère
Charmons tous les loiſirs ;
Inventons pour lui plaire
Mille nouveaux plaiſirs.

Une CORIPHÉE.

Chacun ici l'adore,
Il règne ſur nos cœurs :
Préſentons-lui de Flore
Les dons les plus flateurs.

Le PACHA, après le Ballet.

Almaïde, de votre zèle
Je viens de recevoir une preuve nouvelle.
A fêter les François montrez la même ardeur.

(Elles ſortent.)

SCENE IV.

LE PACHA, TAMORIN.

LE PACHA.

LES plaiſirs, Tamorin, ne flatent plus mon cœur.

TAMORIN.

Banniſſez, s'il ſe peut, cette mélancolie.

AIR.

C'eſt la triſte monotonie
Qui du cœur éteint les deſirs ;
Par elle notre ame flétrie
Languit dans le ſein des plaiſirs.
Le papillon léger, volage,
Aime à careſſer chaque fleur ;
C'eſt par ſes jeux, ſon badinage,
Qu'il renouvelle ſon bonheur.

LE PACHA.

Rien ne peut me toucher, je perds cette eſpérance.

TAMORIN.

L'inconſtance

De l'ennui ſaura vous guérir.
Formez une nouvelle chaîne.
En ce jour Huſca vous amene
Des beautés dont l'aſpect pourra ſeul vous ravir.

Le PACHA.

Tu me conſeilles l'inconſtance,
Elle ſeule fait mon malheur;
Elle produit l'indifférence,
L'indifférence & la langueur.
Tu me conſeilles l'inconſtance,
Elle ſeule fait mon malheur.
Je ne veux plus d'un cœur gêné par les entraves,
Je cherche une Compagne & non pas des Eſclaves.

TAMORIN.

Des femmes de l'Europe on vante la beauté,
Peut-être elles feroient votre félicité.

(*Huſca entre.*)

TRIO.

TAMORIN, au PACHA.

Il amene des Hollandoiſes.

Le PACHA regardant HUSCA, *qui lui fait une profonde révérence.*

Des Hollandoiſes ?

TAMORIN.

Des Perſannes, des Angloiſes.

LE PACHA.

Des Angloiſes?

TAMORIN.

Il amene auſſi des Françoiſes;
Il peut combler tous vos ſouhaits.

LE PACHA.

On vante les Hollandoiſes,
Les Perſannes, les Angloiſes;
Mais je préfere des Françoiſes
L'eſprit, la grace & les attraits.

TAMORIN.

Elles ſont belles,

HUSCA.

Piquantes;

TAMORIN.

Aimables, vives,

LE PACHA.

Charmantes!

Je ne puis faire un plus beau choix.

Le PACHA, HUSCA, TAMORIN.

Chaque jour plus ſéduiſantes,
Et toujours intéreſſantes,
Piquantes,
Charmantes.

HUSCA, TAMORIN.

Pouvez-vous faire un plus beau choix ?

Le PACHA.

Heureux qui peut ſuivre leurs loix.

TAMORIN.

On les dit un peu changeantes,
Mais qu'elles ſoient inconſtantes,
Un Pacha craint peu ce défaut.

Le PACHA.

Pour mon bonheur, c'eſt ce qu'il faut.
Je veux dans le Bazard jouir de leur préſence;
Quoi ! je pourrois trouver ce bonheur que j'attends;
Ordonne, Tamorin, que ma garde s'avance
Au bruit pompeux des inſtrumens.

SCENE V.

Le Théatre change, & repréſente le Bazard; on y voit les Perſonnages du premier Acte, des Boutiques brillantes, des Cafés, des Orcheſtres. On diſtingue l'aſſemblage de toutes les Nations, des Marchands d'Eſclaves, &c. Le Pacha *arrive avec ſa Garde; Huſca & d'autres Marchands font paſſer devant lui les Eſclaves : les unes danſent, les autres chantent, les autres jouent des Inſtrumens. Le* Pacha *achete pluſieurs Eſclaves, de l'un & de l'autre ſexe. On voit, ſur la fin du Divertiſſement, Zélime cachée par un voile.*

(On danſe.)

Une ESCLAVE *Françoiſe.*

AIR.

NOUS ſommes nés pour l'eſclavage,
Nul n'eſt libre dans l'univers :
Des humains tel eſt le partage;
Le plus heureux porte des fers.
L'un ſert Plutus, l'autre Bellone,
Des honneurs un autre eſt jaloux.
De tous les Maîtres qu'on ſe donne,
L'amour me ſemble le plus doux.

Une Cantatrice Italienne.

AIR.

Fra l'orror della tempesta,
Che alle stelle il volto imbruna
Qualche raggio di fortuna
Gia commincia a scintillar.
Dopo sorte si funesta
Sara placida quest' alma,
É godra tornata in calma,
I perigli à ramentar.

QUATUOR D'ALLEMANDS.

Quelles rigueurs inhumaines
Nous souffrons dans ces climats!
Leurs bras sont chargés de chaînes;
Ils étoient faits pour les combats.
Pacha de notre courage
Fais un plus heureux emploi;
Que ta pitié nous dégage,
Tous nos cœurs seront à toi.

LE PACHA, après le Divertissement.

Quelle est cette beauté que l'on cache à mes yeux?

HUSCA.

Seigneur, c'est une beauté rare:
J'ai voulu la soustraire aux regards curieux.

ZÉLIME.

Sort cruel, fort barbare !

LE PACHA.

Que dans l'inſtant ſon voile ſoit ôté.
(*On ôte le voile.*)
Ciel ! que d'attraits !.... les pleurs que je lui vois répandre
Augmentent encor ſa beauté.

TAMORIN, à Huſca.

De la trouver jolie on ne peut ſe défendre.
(*à part*) Mon maître eſt enchanté.

LE PACHA.

J'en veux avoir la préférence ;
Et dix mille ducats te ſuffiront, je penſe.

HUSCA.

Vous comblez tous mes vœux.

TAMORIN.

Mon Maître eſt généreux.

HUSCA.

Aux ordres du Pacha, Zélime, il faut ſe rendre.

SAINT-PHAR, entrant.

Pourriez-vous la ravir à l'époux le plus tendre ?
J'apportois ſa rançon, j'accourois plein d'eſpoir....

LE PACHA.

Elle eſt en mon pouvoir.

SAINT-PHAR.

Rendez-moi ce que j'aime.

HUSCA.

C'eſt pour Zélime une faveur ſuprême.

CHŒUR.

C'eſt pour Zélime une faveur ſuprême.

(*On emmene Zélime.*)

SCENE VI.

SAINT-PHAR, *ſeul.*

AIR.

VAS cruel ! mais d'un tendre époux
Redoute le courroux.
Ce bras, à ton pouvoir ſuprême,
Sçaura bien ravir ce que j'aime.
L'amour, ſecondant mon effort,
Guidera ma fureur extrême.
Oui, j'irai, dans ton Palais même,
Ou te donner, ou recevoir la mort.

ACTE TROISIEME.

Le Théatre représente un Appartement intérieur du Pacha.

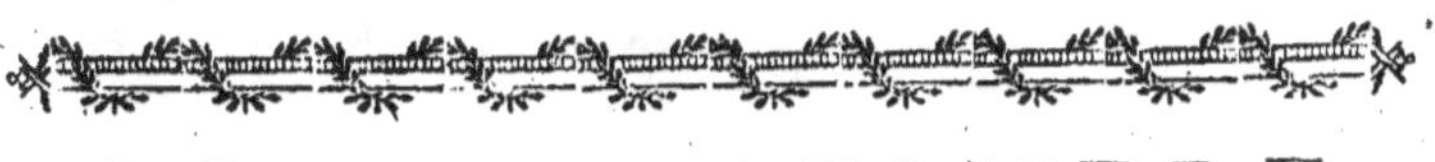

SCENE PREMIERE.

FLORESTAN, FURVILLE.

FLORESTAN.

Vous brûlez de revoir les rives de France ;
Mais avant de quitter ces lieux,
Il faut que le Pacha reçoive nos adieux.
Il a des droits sacrés sur ma reconnoissance.
Allez, Furville, allez. Demandez audience.

FURVILLE.

Il faudra donc, hélas ! partir sans votre fils !

FLORESTAN.

De le revoir encor l'eſpoir m'eſt-il permis ?

FURVILLE.

Aux vœux du pere le plus tendre,
Le Ciel un jour pourra le rendre.

FLORESTAN.

Ah, Furville ! au fond de ſon cœur,
Laiſſez à votre ami renfermer ſa douleur.

SCENE II.

FLORESTAN, ſeul.

TU me condamnes donc, ô fortune cruelle,
A ne plus voir mon fils !
Jouet des vents, des flots, j'aborde en ce pays :
Rien n'a pu ralentir mon courage & mon zèle.
J'ai parcouru tous les climats
Pour retrouver ce fils ſi cher à ma tendreſſe,
Qu'entraîna ſur les mers le deſir des combats ;
Tout en ce jour augmente ma triſteſſe ;
Sans doute je n'ai plus qu'à pleurer ſon trépas.

AIR.

Ah ! ſi pour la patrie,
Au milieu des combats,
Il eût perdu la vie ;
O mort ! de ta furie
Je ne me plaindrois pas.

Mais à la fleur de l'âge,
Un funeſte naufrage
Peut-être de ſes jours
A terminé le cours.

Ah ! ſi pour la patrie, &c.

SCENE III.

FLORESTAN, FURVILLE, TAMORIN.

TAMORIN.

PRès du Pacha je dois vous introduire ;
Daignez ſuivre mes pas, je vais vous y conduire.

FLORESTAN, à part.

L'image de mon fils me pourſuivra toujours.

(*Ils ſortent.*)

SCENE IV.

ALMAÏDE, seule.

AIR.

JE souffrirois qu'une rivale
Du Pacha m'enlevât le cœur ?
Non, non, d'une flamme fatale
Je saurai prévenir l'ardeur.

Amour, viens seconder ma rage ;
Contre Zélime arme mon bras ;
Amour, tu dois venger l'outrage
Que l'on veut faire à mes appas.

SCENE V.

ALMAÏDE, OSMIN.

OSMIN.

ALmaïde, peut-on vous faire confidence...

ALMAÏDE.

Parle avec assurance.

OSMIN.

OSMIN.

Zélime. . . .

ALMAÏDE.

Eh bien !

OSMIN.

Vous connoiſſez ma foi,
Un François amoureux dont l'or pourroit ſéduire
Un ſerviteur moins fidèle que moi. . . .

ALMAÏDE.

Pourſuis.

OSMIN.

Voudroit, dans l'ardeur qui l'inſpire,
La ravir au Pacha qui la tient ſous ſes loix,
Et c'eſt d'Oſmin qu'il a fait choix
Pour ſeconder ſon deſſein téméraire.

ALMAÏDE.

Sans balancer, il faut l'exécuter.

OSMIN.

Mais je dois du Pacha redouter la colere.

ALMAÏDE.

Oſmin, veux-tu me plaire ?

OSMIN.

Sur vous puis-je compter?

ALMAÏDE.

Compte ſur mon pouvoir, ſur ma reconnoiſſance.
Ce généreux François ſervira ma vengeance.
Qu'à la faveur des ombres de la nuit,
Par toi dans le ſerrail en ſilence introduit,
Il enleve Zélime; Oſmin, que rien n'arrête
Ton zèle courageux;
La fête qu'on apprête
Favoriſe mes vœux. (*Il ſort.*)

SCENE VI.

ALMAÏDE.

AIR.

J'Abjure la haine cruelle
Qui dévoroit mon cœur jaloux.
Rendons une épouſe fidelle
Aux vœux de ſon fidèle époux.
Loin de ces lieux qu'elle reſpire
Au ſein de la félicité,
Son départ m'aſſure un empire
Que m'eût enlevé ſa beauté.

SCENE VII.

LE PACHA, ALMAÏDE.

JE ne le vois que trop, Zélime a ſu vous plaire ;
Faut-il donc que cette Etrangere
Me raviſſe le cœur
D'un amant que j'adore !

LE PACHA.

Calmez cette frayeur :
Oui, vous regnez encore,
Votre pouvoir eſt le même en ces lieux.
Qui peut vous inſpirer ces ſoupçons odieux ?

LE PACHA.

Allez pour ordonner la fête :
Zélime pourroit-elle alarmer votre cœur ?

ALMAÏDE, à part, en ſortant.

Dans mon ame inquiète
Sa fuite ſaura mieux rappeller le bonheur.

SCENE VIII.

LE PACHA.

AIR.

C'Eſt envain qu'Almaïde encore
A mes yeux offre ſes attraits ;
Zélime, c'eſt toi que j'adore,
A toi je m'engage à jamais.

De mon ame ſenſible & tendre,
Tu dédaignes les feux.
Mes ſoins pourront te rendre
Moins rebelle à mes vœux.

Du ſort injuſte qui t'outrage,
Je veux réparer la rigueur.
Unique objet de mon hommage,
Si tu réponds à mon ardeur.

C'eſt envain, *&c.*

SCENE IX.

LE PACHA, OSMIN.

SEigneur, les François vont paroître.

LE PACHA.

Qu'ils ſoient à l'inſtant même introduits devant moi.

(Il ſort.)

SCENE X.

Le Théatre change, & repréſente un Sallon d'audience préparé pour une Fête.

Entrée du Pacha & ſa Suite. FLORESTAN *& ſa Suite.*

FLORESTAN.

JAloux de reconnoître
Le ſervice important que j'ai reçu de toi,
Quand je m'apprête à quitter ce rivage,
Pacha, reçois mes vœux & mon ſincere hommage;
Mes vaiſſeaux par tes ſoins ſe trouvent réparés.
De tes bienfaits tu nous vois pénétrés.

FLORESTAN.

AIR.

Échappés au naufrage,
Accueillis ſur ces bords,
Accepte notre hommage,
Jouis de nos tranſports.

CHŒUR des François.

Échappés au naufrage, *&c.*

LE PACHA.

Tout retentit ſur ce rivage
Du bruit de tes nobles travaux :
François, je rends à ton courage
Le tribut qu'on doit aux Héros.

CHŒUR des Turcs.

Goûtez ſur ce rivage
Les douceurs du repos.
Chacun doit rendre hommage
A vos nobles travaux.

LE PACHA.

Qu'un inſtant en ces lieux le plaiſir vous arrête ;
Après tant de dangers, on peut bien s'y livrer.
Prenez part à la fête
Que j'ai fait préparer.

SCENE XI.

La Fête commence : à peine est-elle commencée, qu'on entend un bruit intérieur dans le Palais.

(La Favorite est entrée avec le Divertissement.)

CHŒUR, derriere le Théatre.

ON enleve Zélime !
Quelle audace, quel crime !

LE PACHA.

Quel est ce bruit ?

TAMORIN, en entrant.

On enleve Zélime.

ALMAÏDE, à part.

Ah ! je respire enfin !

LE PACHA.

Courez, Gardes, courez ;
D'elle vous répondrez.
(à Tamorin.)
Quel mortel téméraire....

TAMORIN.

Ce François ...

FLORESTAN.

Un François !...

LE PACHA.

Rien ne peut le soustraire
A mon juste courroux.

FINALE.

FLORESTAN.

Un François avoir cette audace !
Point de pitié, non, point de grace ;
Son crime nous outrage tous.

LE PACHA.

Il mérite tout mon courroux.

FLORESTAN.

Qu'on le remette en ma puissance ;
C'est à moi de punir l'offense.
Pacha, qu'on le livre à nos coups.

ENSEMBLE.

C'est à moi de punir l'offense.

FLORESTAN.

FLORESTAN.

Son crime nous outrage tous.

SCENE XII.

Les Acteurs précédens. ZÉLIME, *entourée de Gardes.*

ZÉLIME.

AH! ſur moi vengez-vous;
Que ſeule je périſſe,
Mais que votre juſtice
Epargne mon époux.
Il adore Zélime,
Il m'a juré ſa foi:
Hélas! ſi c'eſt un crime,
Ne puniſſez que moi.
Saint-Phar....

FLORESTAN.

Quel nom! tous mes ſens ſont ſaiſis.

ZÉLIME.

Hélas!

FLORESTAN.

De ſes parens vous avez connoiſſance?

ZÉLIME.

Le brave Floreſtan lui donna la naiſſance.

Le PACHA & le CHŒUR.

O Ciel !

FLORESTAN, conſterné.

Le coupable eſt mon fils.
Quelle douleur m'accable !

Les FEMMES.

Ah ! que ſon ſort eſt déplorable !

TRIO.

ALMAÏDE.

Prends pitié de ſon triſte ſort ;
Laiſſe déſarmer ta colere ;
Son fils mérite-t-il la mort ?
Sois touché des larmes d'un pere.

ZELIME.

Prends pitié de ſon triſte ſort ;
Laiſſe déſarmer ta colere ;
Zélime craindra peu la mort,
Si tu rends Saint-Phar à ſon pere.

FLORESTAN.

Prends pitié de mon triſte ſort ;

Laiſſe déſarmer ta colere ;
Mon fils peut mériter la mort,
Mais tu vois les larmes d'un pere.

SCENE DERNIERE.

A la fin du Trio, *on amene Saint-Phar enchaîné.*

LE PACHA, *allant à lui.*

QU'ON briſe ſes fers.

SAINT-PHAR.

O Dieux !
Où me conduiſez-vous ?....

LE PACHA, le conduiſant à ſon pere.

Dans les bras de ton pere.

FLORESTAN.

Mon fils !

SAINT-PHAR.

Mon pere !

ENSEMBLE.

O Dieux !

LE CHŒUR.

Moment délicieux !

SAINT-PHAR, au Pacha.

Vous pouvez pardonner mon crime?

LE PACHA.

Je fais plus, je te rends Zélime.

SAINT-PHAR, FLORESTAN.

Vous pouvez pardonner {mon / fon} crime?

LE PACHA.

Je fais plus, je lui rends Zélime.
(*à Almaïde*)
Et ce jour reſſerre nos nœuds.

ALMAÏDE.

Jour fortuné!

LE CHŒUR.

Jour proſpere!

ZELIME.

Saint-Phar!

SAINT-PHAR.

Zélime!

ENSEMBLE, embraſſant Floreſtan.

O mon pere!

Le PACHA, & Tous.

Moment délicieux!

CHŒUR FINAL.

O ciel! quelle ivreſſe!

Alternativement avec le Chœur.

FLORESTAN.

O ciel! quelle ivreſſe!
Que ce jour eſt cher à mon cœur!
Rien n'égale mon bonheur.

SAINT-PHAR, ZÉLIME.

O ciel! quelle ivreſſe!
Pour ma tendreſſe,
Quel moment enchanteur!

Le Chœur.

Rien n'égale leur bonheur;
O ciel! quelle ivreſſe!
Pour la tendreſſe,
Quel moment enchanteur!

FLORESTAN, SAINT-PHAR, ZÉLIME.

N'accuſons plus le ſort barbare,
Quand il nous comble de faveurs;
S'il eût pour nous quelques rigueurs,
Avec uſure il les répare.

LE CHŒUR.

Après de ſi longs malheurs,
Un tendre pere,
Une épouſe ſi chere,
Heureux Saint-Phar, vont eſſuyer tes pleurs.

(*Un Ballet général termine l'Opéra.*)

FIN.

APPROBATION.

J'AI lu par ordre de Monſeigneur le Garde des Sceaux, *LA CARAVANE DU CAIRE*, Opéra en trois Actes: & je n'y ai rien trouvé qui m'ait paru devoir en empêcher l'impreſſion. A Paris ce 9 Janvier 1784.

BRET.

www.ingramcontent.com/pod-product-compliance
Lightning Source LLC
LaVergne TN
LVHW010059230826
846091LV00005B/2004

* 9 7 8 2 3 2 9 2 9 8 3 3 7 *